Arte e Comunicação representam dois conceitos inseparáveis. Deste modo, reúnem-se na mesma colecção obras que abordam a Estética em geral, as diferentes artes em particular, os aspectos sociológicos e políticos da Arte, assim como a Comunicação Social e os meios que ela utiliza.

A FORMA NA ARQUITETURA

Título:
A Forma na Arquitetura
Copyright © 2005 by Oscar Niemeyer
por meio de contrato com a Revan Editora Ltda. – Brasil.

Direitos em língua portuguesa para Portugal adquiridos por Edições 70

Revisão:
Roberto Teixeira
Miriam Lopes

Capa: FBA

Depósito Legal nº 380642/14

Biblioteca Nacional de Portugal – Catalogação na Publicação

NIEMEYER, Oscar, 1907-2012

A Forma na Arquitetura. – (Arte & Comunicação ; 103)
ISBN 978-972-44-1784-4

CDU 72

Paginação:
Nuno Pinho

Impressão e acabamento:
PAPELMUNDE
para
EDIÇÕES 70
Setembro de 2020 (2014)

Direitos reservados para Porttugal

EDIÇÕES 70, uma chancela de Edições Almedina, S.A.
LEAP CENTER – Espaço Amoreiras
Rua D. João V, n.º 24, 1.03 – 1250-091 Lisboa / Portugal
e-mail: geral@edicoes70.pt

www.edicoes70.pt

Esta obra está protegida pela lei. Não pode ser reproduzida,
no todo ou em parte, qualquer que seja o modo utilizado,
incluindo fotocópia e xerocópia, sem prévia autorização do Editor.
Qualquer transgressão à lei dos Direitos de Autor será passível
de procedimento judicial.

OSCAR NIEMEYER
A FORMA NA ARQUITETURA

LIÇÃO DE ARQUITETURA

A Oscar Niemeyer

No ombro do planeta
em Caracas
Oscar depositou
para sempre
uma ave uma flor
        (ele não faz de pedra
        nossas casas:
        faz de asa)
No coração de Argel sofrida
fez aterrizar uma tarde
uma nave estelar
                e linda
como ainda há de ser a vida
        (com seu traço futuro
        Oscar nos ensina
        que o sonho é popular)

Nos ensina a sonhar
mesmo se lidamos
com matéria dura:
o ferro o cimento a fome
da humana arquitetura

Nos ensina a viver
no que ele transfigura:
no açúcar da pedra
no sono do ovo

na argila da aurora
na alvura do novo
na pluma da neve

Oscar nos ensina
que a beleza é leve

Ferreira Gullar
Buenos Aires, 22.1.76

"L"architecture se rapproche de la sculpture, celle-ci se réconcilie avec celle-là; elles sont prëtes, toutes deux, à s'intégrer."

S. Gidion

"Meu desejo não é ensinar o método que cada um deve seguir, mas somente mostrar o método que eu escolhi."

Com estas palavras de Descartes, quero esclarecer que este depoimento não tem como objetivo convencer ninguém, mas mostrar como eu vejo o problema da forma na arquitetura. E se, às vezes, entro em conflito com outras opiniões, é apenas para defender ou explicar o meu ponto de vista.

O.N.

Minha ideia, ao escrever este pequeno texto, foi definir meu pensamento sobre o problema da forma na arquitetura, assunto que envolve, a meu ver, um equívoco lamentável ampliado pelo funcionalismo, utilizado pelos pequenos grupos que dele se servem até hoje. Sinto-me à vontade para isso. É problema que me ocupou por toda a vida e no qual intervim quando, em 1940, projetei as obras da Pampulha, em Belo Horizonte.

E, como a ideia é escrever um pequeno livro e divulgá-lo pelo exterior, tentarei fazê-lo curto e conciso, fácil de ler e compreender. Nele vou invadir outros problemas, também ligados à arquitetura, e demonstrar, com o volume de trabalhos que elaborei, como é possível atuar na profissão sem se omitir, mantendo-se politicamente engajado, como se diz.

Para ser mais bem compreendido pelos que não me conhecem, voltarei um pouco ao passado, à minha infância já tão longe, à minha formação de homem e arquiteto. Lembrarei minha casa no bairro das Laranjeiras, no Rio de Janeiro, o ambiente feliz em que vivi naqueles tempos perdidos para sempre, e, principalmente, meus pais e avós, não pelo conforto e carinho com que me prepararam para a vida, mas por eles mesmos, como pessoas humanas, corresponsáveis geneticamente pelas minhas qualidades e defeitos. Meu avô, Ribeiro de Almeida, ministro do Supremo Tribunal Federal, correto, incorruptível; minha avó, dedicada aos problemas domésticos, autoritária, como se ainda vivesse em sua fazenda em Maricá, no interior do Estado do Rio de Janeiro; meu pai – tão alegre – a transferir, como eu, seus problemas para o dia seguinte; minha mãe e minha tia Milota debruçadas sobre nós com carinho, representantes daquele clã familiar que começa a desaparecer e para o qual elas convergiam todas as suas renúncias e ternuras. E meus tios, cheios de boas qualidades, mas tão desajustados e imprevisíveis que me trazem dúvidas sobre a conveniência de meu avô ter casado com sua sobrinha Mariquinhas.

Não sei o que herdei de tudo isso, mas vejo meus irmãos tão bons, generosos, que acredito ter sobrado também alguma coisa de bom para mim.

Foi na velha casa das Laranjeiras que passei a minha mocidade, dela lembrando a sala de visitas que virava capela, a longa mesa da sala de jantar com a minha avó na cabeceira, meu tio diante de nós, a contar suas aventuras, meu avô, calado, observando aquela família a se multiplicar; as festas de aniversário, os concertos familiares da época com o nosso empregado André a servir os convidados pelas mesas espalhadas na varanda, e à noite, depois do jantar, a conversa alegre que a todos unia, o que me faz lembrar nosso irmão, Vinícius de Moraes: "Se é prá desfazer, prá que é que fez!?"

Sobre minhas ideias políticas direi que fui sempre um revoltado. Nunca esqueci – tinha oito anos – minha avó a dizer para a empregada: "Tira esse pano da cabeça, negra não usa isso". Depois, foi a própria vida a evidenciar suas misérias: o patrão a oprimir o empregado, o amigo mais pobre preterido, o desamparo que aflige nossos irmãos brasileiros e a burguesia ignorante a oprimi-los, ou a se manifestar de forma paternalista e irresponsável. Não podia ter dúvidas sobre a posição a tomar, num país em que setenta por cento da população sofre, explorada e perseguida.

Em 1945 entrei para o Partido Comunista, depois de acolher alguns de seus líderes no meu escritório, ao saírem da prisão, dizendo a Prestes: "Fica com a casa; seu trabalho é mais importante que o meu". De 45 até hoje – trinta anos portanto – nunca mudei de atitude. O Partido Comunista foi uma experiência extraordinária e dos velhos companheiros só guardo boas lembranças: simples, idealistas, bons demais para se adaptarem tranquilamente às misérias do mundo capitalista.

Com relação à minha atuação profissional, direi que trabalhei demais, que me sinto um homem que ficou num canto a desenhar sem sentir o universo que o cerca em todas as suas grandezas e mistérios, sem ter tempo para olhar a própria vida e sobre ela divagar, sozinho, como Descartes. Mas estou tranquilo. Afinal, fiz o que pude fazer e não esqueci os que sofrem e com eles, caminho solidário.

Paul Valéry dizia: "os caminhos da poesia e da música se cruzam". Para mim, os caminhos da arquitetura, da escultura e da poesia se cruzam também. Aí nascem as obras de arte.

A forma plástica evoluiu na arquitetura em função das novas técnicas e dos novos materiais que lhe dão aspectos diferentes e inovadores. Primeiro, foram as formas robustas que as construções em pedra e argila obrigavam; depois, surgiram as abóbodas, os arcos e as ogivas, os vãos imensos, as formas livres e inesperadas que o concreto permite e os temas modernos solicitam.

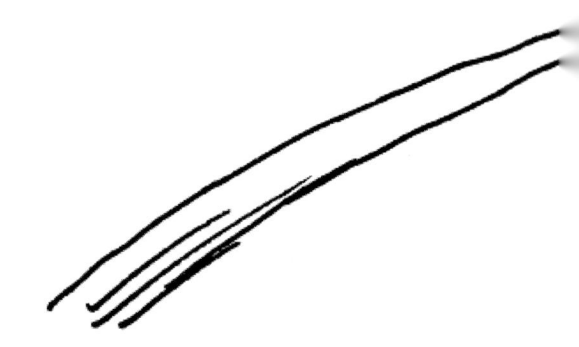

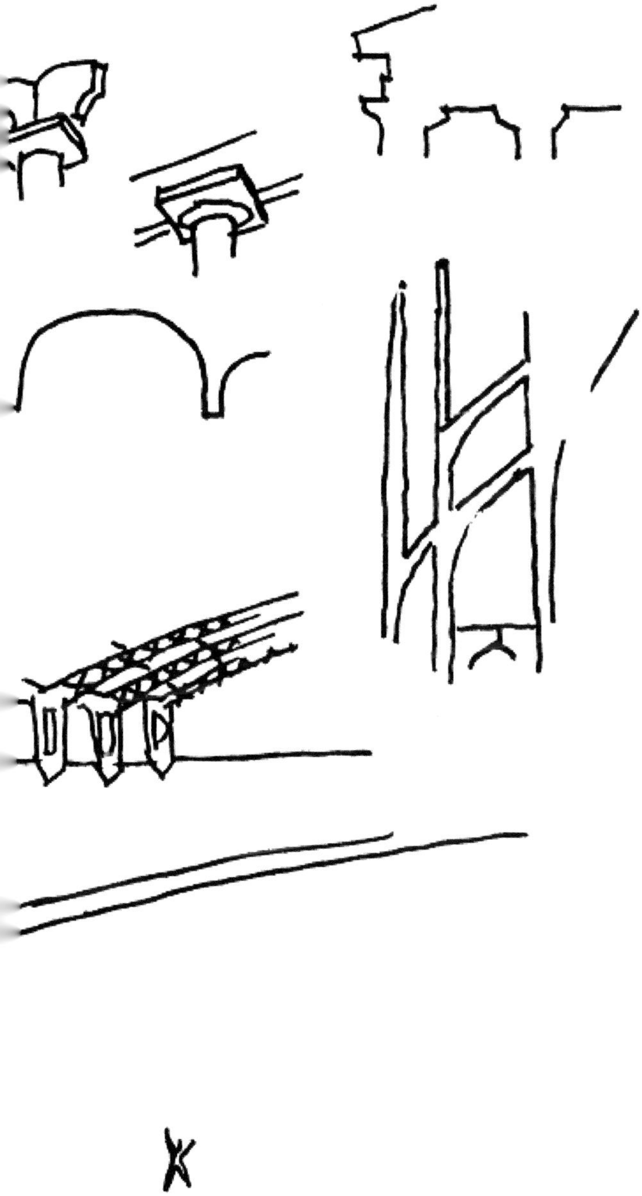

Diante dessa evolução contínua e inevitável e dos programas que surgem, criados pela vida e pelo progresso, o arquiteto vem concebendo, através dos tempos, o seu projeto: frio e monótono ou belo e criador, conforme seu temperamento e sensibilidade. Para alguns, é a função que conta; para outros, inclui a beleza, a fantasia, a surpresa arquitetural que constitui, para mim, a própria arquitetura.

E essa preocupação de criar a beleza é, sem dúvida, uma das características mais evidentes do ser humano, em êxtase diante desse universo fascinante em que vive. E isso encontramos nas épocas mais remotas, com o nosso ancestral longínquo a pintar as paredes de sua caverna, antes mesmo de construir o seu pequeno abrigo.

E o mesmo se repete pelos tempos afora, a partir das pirâmides do Egito. Arquitetura-escultura, forma solta e dominadora sob os espaços infinitos.

Sobre a beleza e a forma plástica na arquitetura é que lhes vou falar – sem delas fazer um histórico ocioso –, tendo como base o tempo presente e a minha arquitetura.

Começarei lembrando a situação da forma na arquitetura, lá pelo ano de 36, quando iniciei minha vida de arquiteto e a arquitetura contemporânea se fixava entre nós, com o funcionalismo pontificando, recusando a liberdade de criação e a invenção arquitetural sempre presentes nos grandes períodos da arquitetura.

Foi o tempo da *planta de dentro para fora, do ângulo reto, da máquina de habitar,* da imposição dos sistemas construtivos, limitações funcionalistas que não me convenciam ao olhar as obras do passado tão cheias de invenção e lirismo. Não podia compreender como, na época do concreto armado que tudo oferecia, a arquitetura contemporânea permanecesse com um vocabulário frio e repetido, incapaz de exprimir aquele sistema em toda a sua grandeza e plenitude.

Recordava, então, os velhos períodos, quando, limitado por uma técnica ainda incipiente, o arquiteto penetrava, corajoso, no caminho do sonho e da fantasia. Mas a arquitetura contemporânea baseava sua presença na técnica construtiva que tudo devia modificar, apoiando-se no funcionalismo para realizar a metamorfose desejada: substituir as antigas fachadas pelos grandes painéis de vidro; as grossas paredes de alvenaria pelas finas colunas de concreto; os telhados, frontões e outros elementos que compunham as coberturas pelo terraço-jardim e os espaços, antes ocupados pelos edifícios, pelos pilotis.

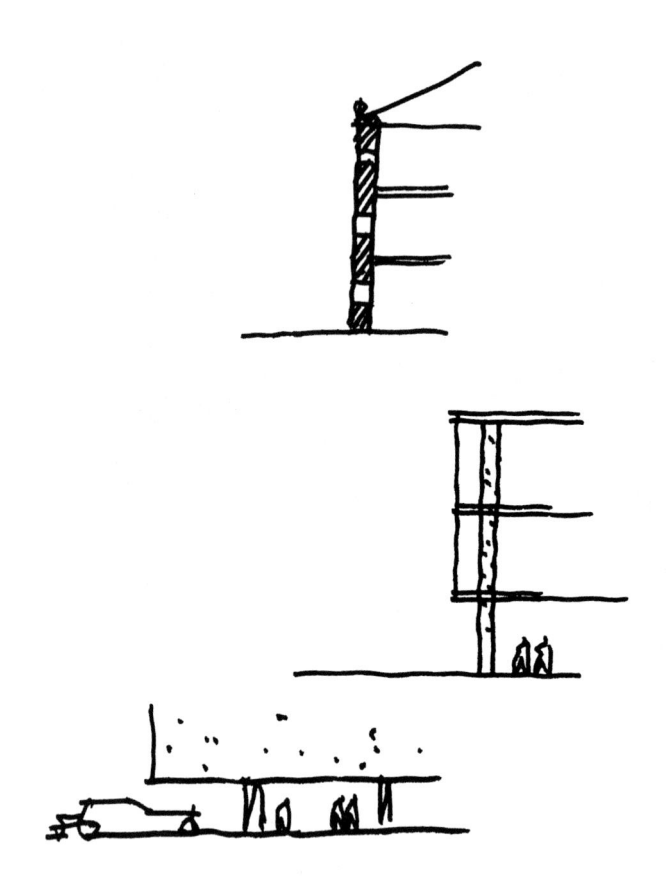

20 | A FORMA NA ARQUITETURA

E o funcionalismo se transformou na sua arma preferida, recusando a liberdade de concepção com seu rigorismo estrutural opressivo.

Durante os primeiros tempos, procurei aceitar tudo isso como uma limitação provisória e necessária, mas depois, com a arquitetura contemporânea vitoriosa, voltei-me inteiramente contra o funcionalismo, desejoso de vê-la integrada na técnica que surgira e juntas caminhando pelo campo de beleza e da poesia. E essa ideia passou a dominar-me, como uma deliberação interior irreprimível, decorrente talvez de antigas lembranças, das igrejas de Minas Gerais, das mulheres belas e sensuais que passam pela vida, das montanhas recortadas esculturais e inesquecíveis do meu país. "Oscar, você tem as montanhas do Rio dentro dos olhos", foi o que um dia ouvi de Le Corbusier.

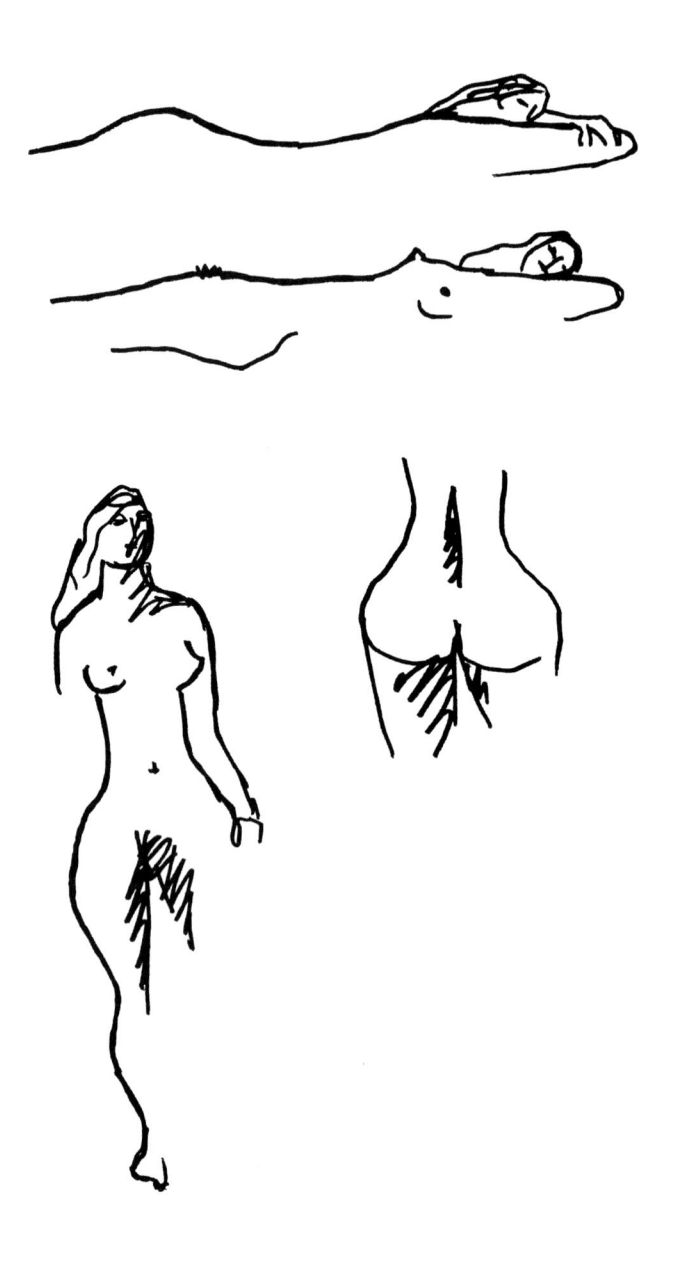

Mas, não raro, era a forma abstrata que me atraía, pura e delgada, solta no espaço à procura do espetáculo arquitetural. E nela me detinha, conferindo-a tecnicamente, certo de que alguns teriam empenho em analisá-la, com essa vocação para a mediocridade que não permite concessões nem obra criadora.

E isso explica minha atuação diante das obras de Pampulha, apesar de recém-saído da escola de arquitetura, mas já tocado por essa vontade imperiosa de contestação e desafio. E Pampulha surgiu com suas formas diferentes, suas abóbodas variadas, com as curvas da marquise da Casa do Baile a provocarem os tabus existentes.

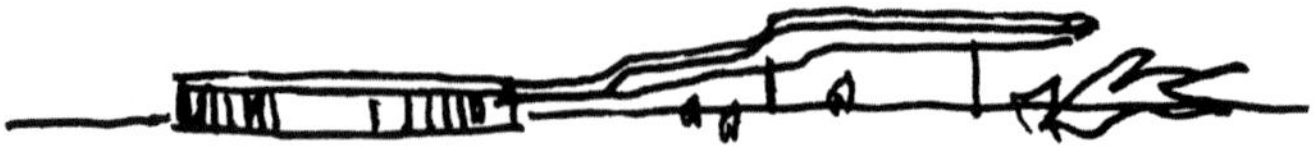

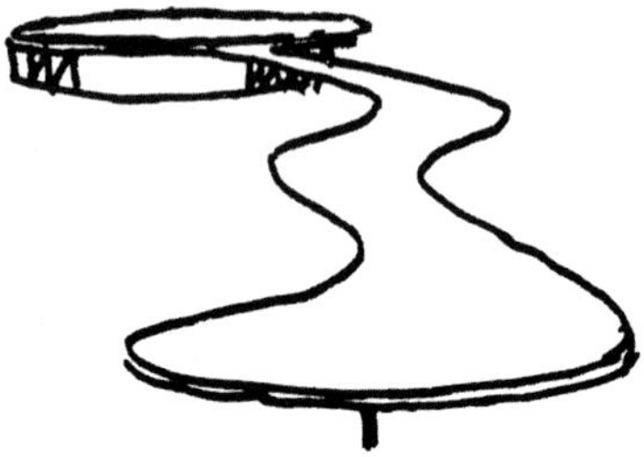

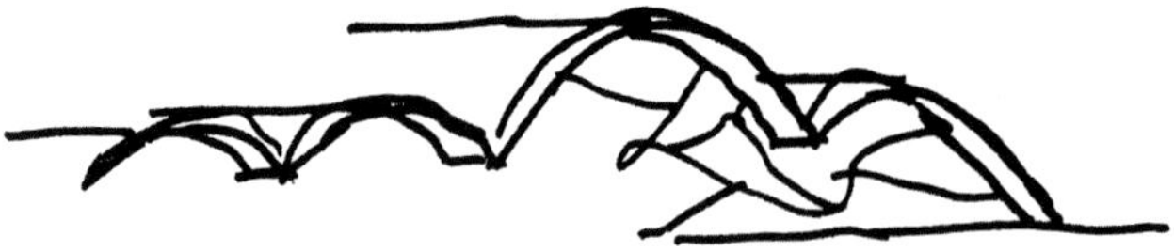

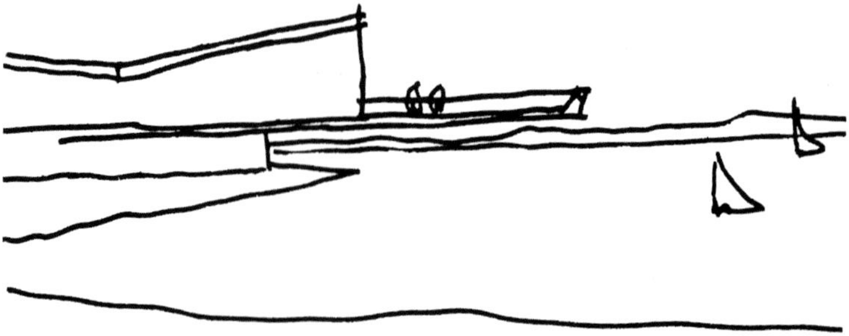

Mas não devo falar de Pampulha sem antes me referir a certos fatos que a precederam, sem lembrar que outros projetos – já modernos – começavam a aparecer, embora despidos do espírito radical e renovador que ela exibia. E lembrar a atuação decisiva de Gustavo Capanema, convocando Lúcio Costa, que liderava o nosso grupo com seu excepcional talento, convocando também Le Corbusier, daí surgindo esse prédio esplêndido que é o atual Palácio da Cultura. E o clima de confiança que faltava se estabeleceu, permitindo a construção de novos edifícios, dando-nos, pela colaboração prestada, maior desenvoltura, convictos de que também poderíamos intervir na arquitetura. Mas, sem Lúcio, eu não teria trabalhado no prédio do Ministério de Educação e Saúde, nem conhecido Capanema. Sem Capanema, não teria encontrado Benedito Valadares e Juscelino Kubitschek; Pampulha e Brasília, quando construídas, seriam muito diferentes. E cabe recordar aquele período excepcional, dando a Capanema a dimensão que merece, construindo, contra todos os obstáculos, o prédio do Ministério, convocando os artistas plásticos, revolucionando o ensino, criando o SPHAN (atual IPHAN), destinado a defender o nosso patrimônio histórico e artístico, tão desfigurado nos últimos anos. E não esquecer também os que o acompanharam e com ele se integraram nos programas que surgiam, como Rodrigo Mello Franco de Andrade e Carlos Drummond de Andrade.

Mas se o prédio do Ministério, projetado por Le Corbusier, constituiu a base do movimento moderno no Brasil, é à Pampulha – permitam-me dizê-lo – que devemos o início da nossa arquitetura, voltada para a forma livre e criadora que até hoje a caracteriza.

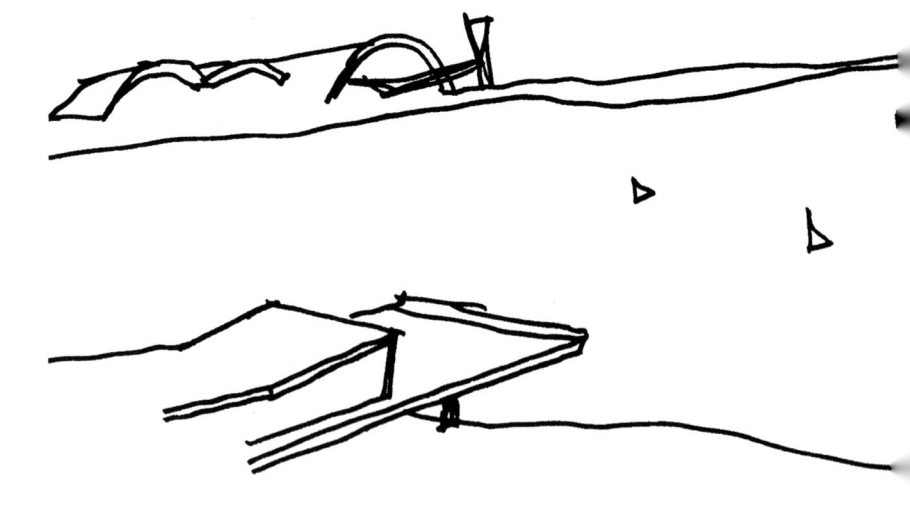

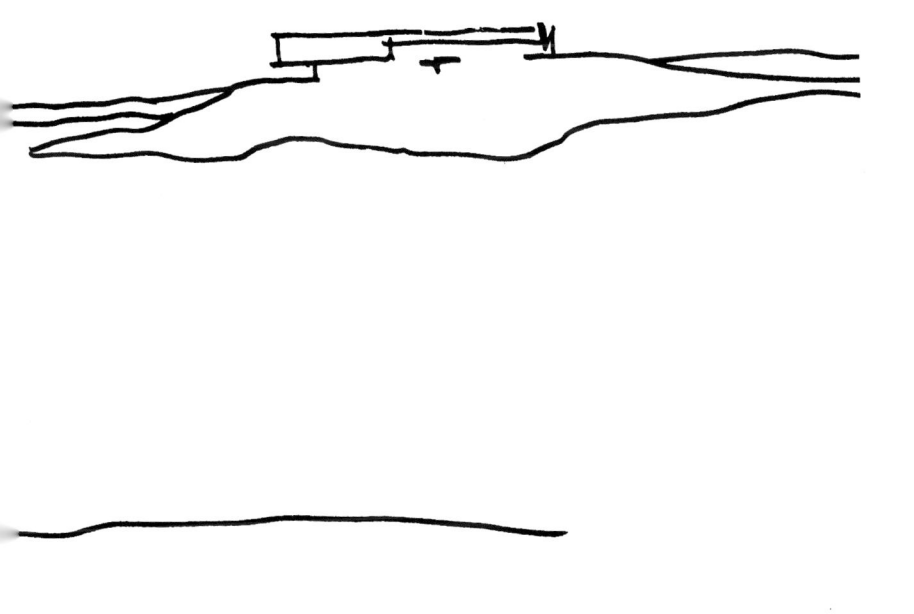

Durante anos acompanhei com JK as obras da Pampulha, visitando juntos, altas horas da noite – como vinte anos depois ocorreu em Brasília –, os canteiros de serviço, surpreso com o seu entusiasmo a imaginar Pampulha já construída e o cassino, o clube, a igreja e a Casa do Baile a se refletirem nas águas da represa. E Pampulha inaugurou-se, e cobriu-se de casas e jardins, de vegetação, ruídos e alegria. Era o bairro diferente que Juscelino sonhava e que tanta falta fazia a Belo Horizonte. Os que visitavam Pampulha se entusiasmavam com as formas novas que ela oferecia e a leveza de sua arquitetura. De Lúcio Costa, que a visitou logo depois de inaugurada, recebi este telegrama: "Oscar, Pampulha é uma beleza". Do meu colega francês, Deroche, que encontrei vinte anos depois em Paris, esta frase sugestiva: "Pampulha foi o grande entusiasmo da minha geração". De Ozenfant, amigo de Le Corbusier, recolhi, no seu livro de memórias, este trecho claro, de destino inconfundível: "Le Corbusier, depois de ter defendido a disciplina purista e a lealdade ao *ângulo reto*, pelo qual pretendia direitos particulares, parece ter decidido abandoná-lo, ao sentir no vento as premissas de um novo barroco, vindo de fora, que faz justiça a ele mesmo e, como sempre, com um imenso talento".

Mas nem todos sorriam. Para os mais dotados, Pampulha era uma opção atraente, permitindo a liberdade que o funcionalismo recusava. Para outros, um caminho difícil de seguir e principalmente de conceber. Uns se aventuraram nessa tarefa e os resultados nem sempre foram satisfatórios, o que explica alguns exemplos lamentáveis disseminados pelo país; outros, mais realistas, preferiram manter-se nas soluções simples e fáceis de projetar. Mas alguns contra Pampulha se insurgiram, incapazes de nos acompanhar nas formas mais livres que propúnhamos.

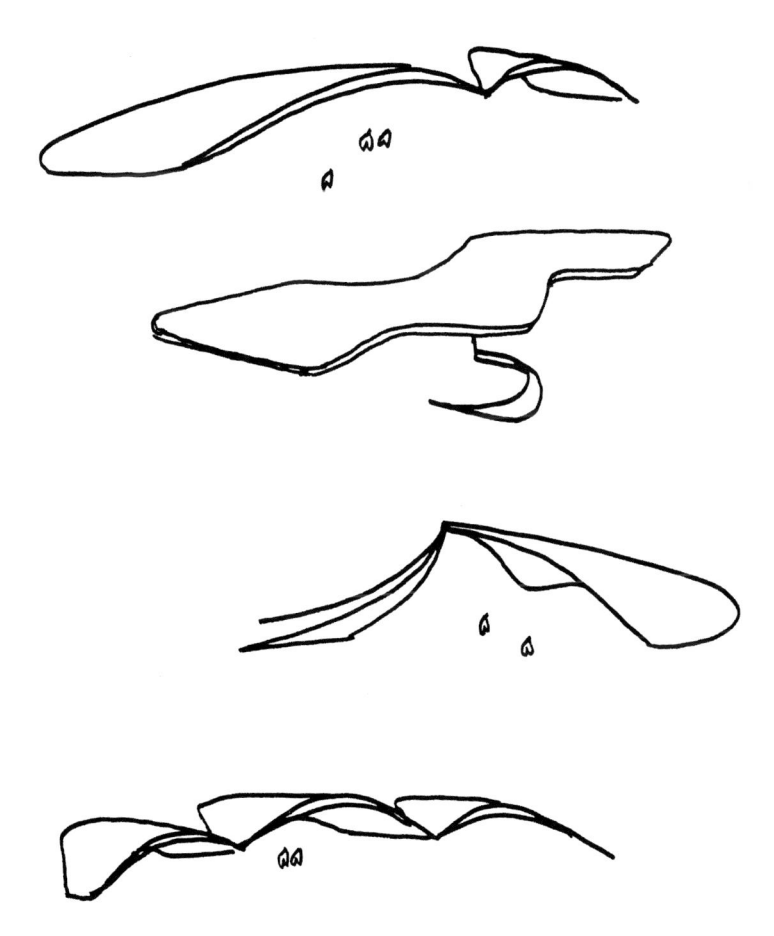

E as palavras *barroca* e *fotogênica* se repetiam, vazias e gratuitas, pois os que nos contestavam nada de novo tinham a sugerir. A ideia do barroco, que Herbert Read tão bem compreendia, resumia-se para eles num termo pejorativo, cujas nuanças e significação pareciam desconhecer. A própria curva, que tanto os perturbava, era por eles desenhada de forma frouxa e desfibrada, não a sentindo, como nós, estruturada, feita com curvas e retas. Até as colunas que afastávamos dos edifícios e desenhávamos com formas livres e variadas, eles não conseguiam compreender. Um dia, contei como as projetava, como ao desenhá-las me via a circular entre elas e os edifícios, imaginando as formas que teriam, os pontos de vista possíveis de variar, etc. Meu intuito era mostrar como o problema plástico era laboriosamente pensado e como nele nos detínhamos com carinho.

Eram incompreensões que se repetiriam, muito depois, na Europa, e que esta frase de Le Corbusier denuncia: "Oscar, veja esta marquise do Congresso de Chandigarh. Dizem que é barroca, mas poucos a poderiam conceber".

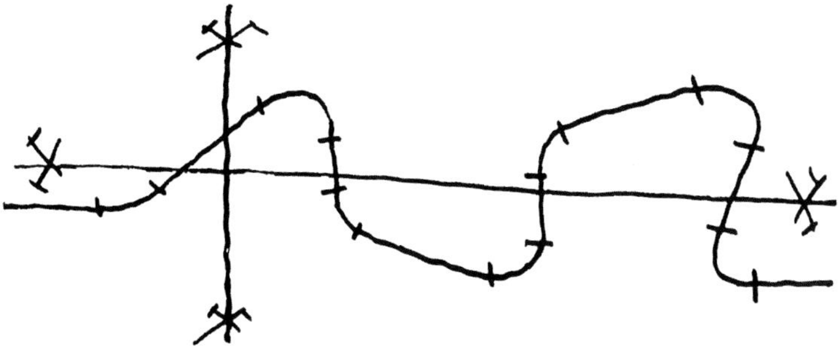

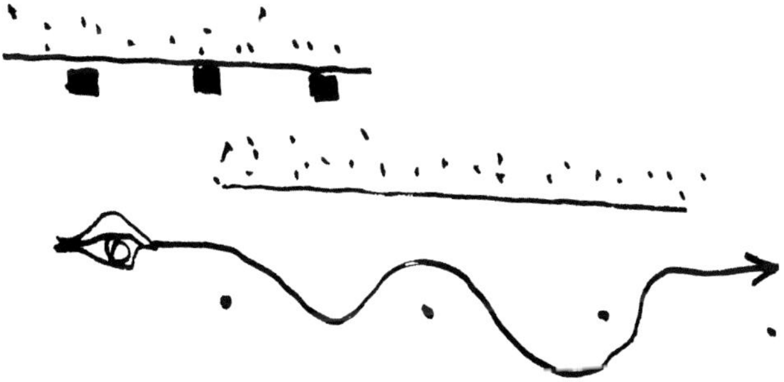

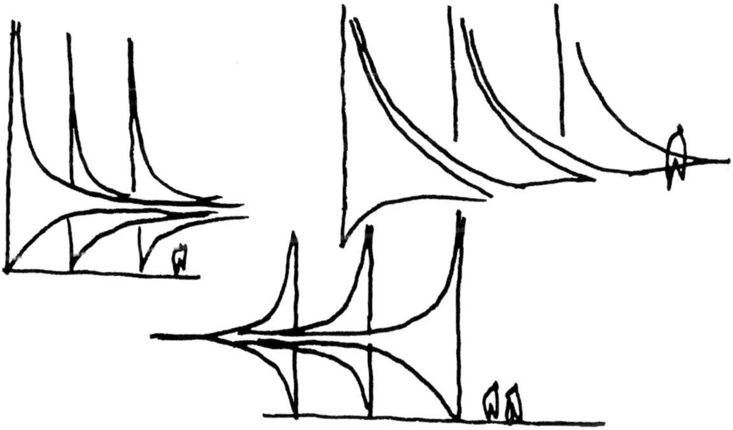

E a arquitetura brasileira prosseguiu o seu caminho, incorporando ao seu vocabulário plástico às novas formas que hoje a caracterizam. De minha parte, contribuí com as coberturas de formas livres iniciadas na Casa do Baile; com as fachadas inclinadas da residência Prudente de Moraes Neto e da Escola Júlia Kubitschek; com os elementos de cúpulas diferentes do Estádio Nacional; com o teto convexo do Iate Clube do Rio de Janeiro; com as coberturas em curvas e retas da residência Oswald de Andrade; com os pilotis em dois "Vs" do Conjunto JK, e depois com a arquitetura de Brasília, ainda mais variada e radical.

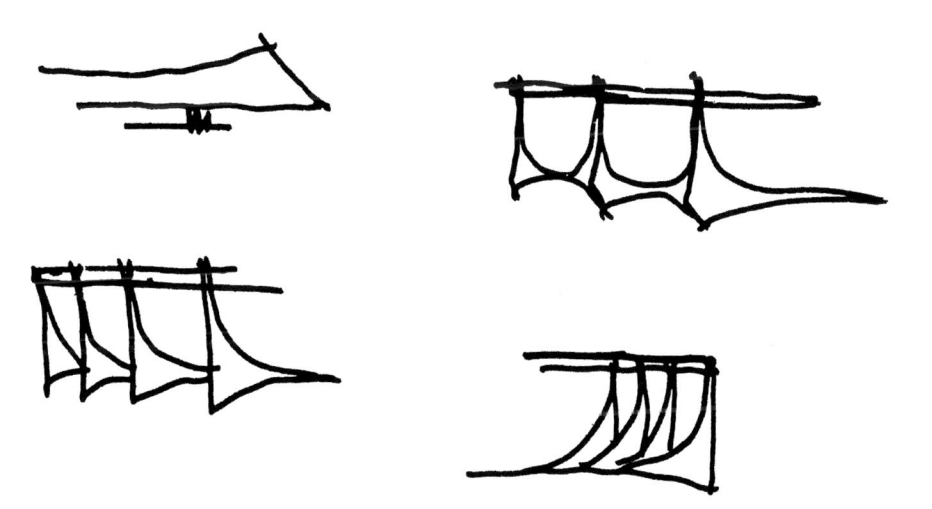

Aos que nos contestavam, explicava pacientemente as razões da minha arquitetura, dizendo, por exemplo – para evitar discussões ociosas –, que as curvas da marquise da Casa do Baile acompanhavam e protegiam as mesas localizadas junto à represa, quando na verdade eram apenas as curvas que me atraíam.

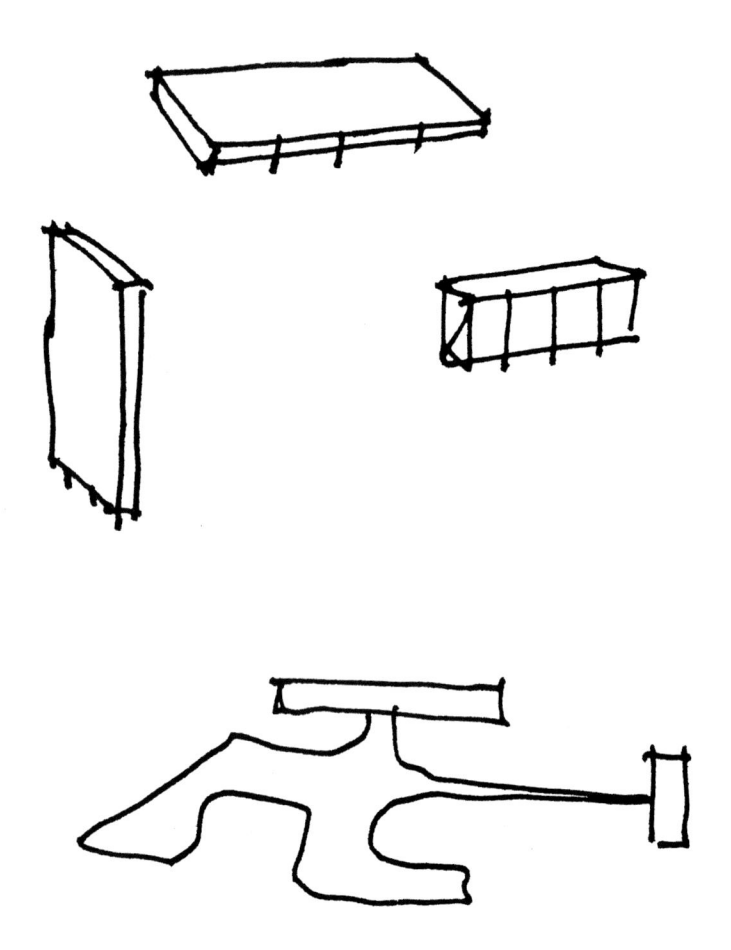

Às vezes, revoltava-me contra tanta insensibilidade, respondendo aos mais complexados que formalista era a arquitetura purista que propunham, pois antes de elaborada já a esperávamos nos seus eternos cubos de vidro, o que para mim constitui formalismo absoluto, considerando que os programas construtivos sugerem, muitas vezes, soluções recortadas e inovadoras. Aos que reclamavam o arrojo da nossa arquitetura, não dávamos resposta. Deviam saber, como nós, que a arquitetura, quando o tema permite, deve exprimir o progresso técnico da época em que é realizada. Hoje, projetamos espaços livres de 50 m (Constantine), o que não é muito se considerarmos que o grande salão do Palácio dos Doges tem 30 m de vão. Aos que reclamavam uma arquitetura mais simples, "despojada", "mais ligada ao povo", eu desabafava, dizendo que falar de arquitetura social num país capitalista é, como declarou Engels, uma atitude paternalista que se pretende revolucionária. E, mais, que não acredito ter a burguesia interesse em resolver o problema da classe operária, que o importante é mudar a sociedade. Lembrava-me de uma das minhas convocações à Polícia Política quando, ao me perguntarem o que pretendíamos, respondi: "Mudar a sociedade". Esta é a reforma de base indispensável para a arquitetura mais humana que desejamos. E reclamá-la, a única atitude a tomar, se estamos realmente interessados no problema social.

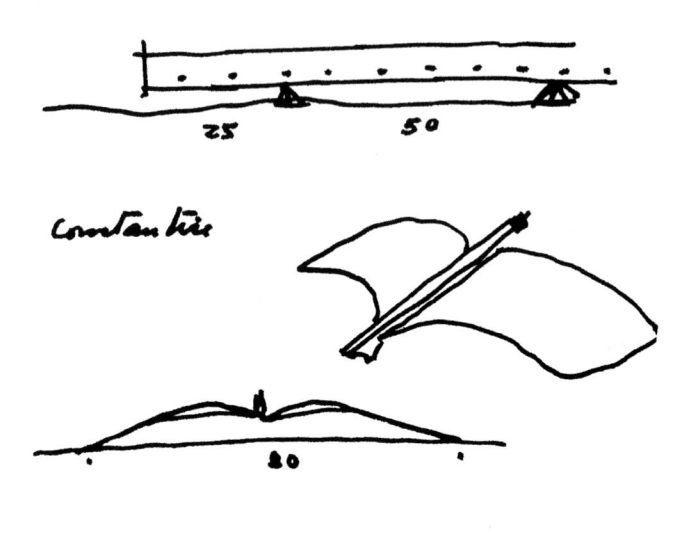

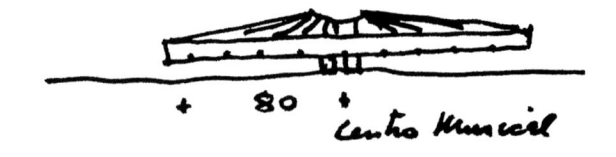

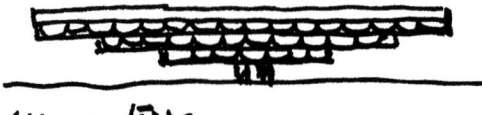

25   50

Constantine

80

+ 80 + Centro Municipal

museu terra

mão da dois

Já não caminhávamos sozinhos. Os últimos projetos de Le Corbusier denunciavam, como disse Ozenfant, um alheamento ostensivo ao ângulo reto que sempre defendera. Não mais se limitava a jogar com os volumes, a fazer os apoios mais robustos do que o concreto armado propunha ou projetar fortes vigamentos de cobertura onde uma simples laje bastaria, mas a procurar deliberadamente a forma arquitetural: gratuita para os neo-funcionalistas, funcional para nós que, como ele, a compreendíamos como o caminho da beleza arquitetural (Ronchamps, Olivetti etc.). E aplaudíamos intimamente o velho mestre. Fazíamos o mesmo, embora num sentido diferente, procurando a leveza arquitetônica.

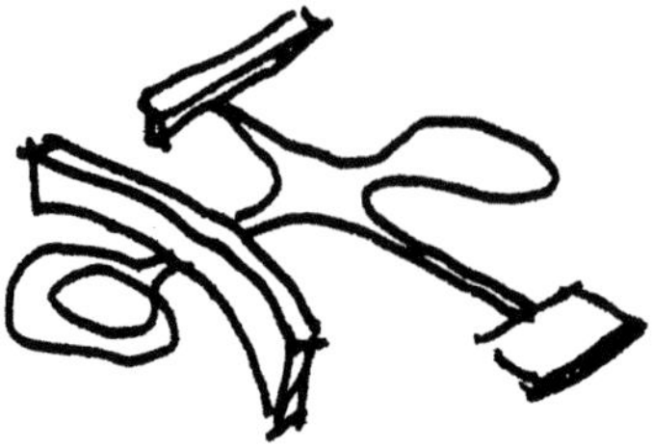

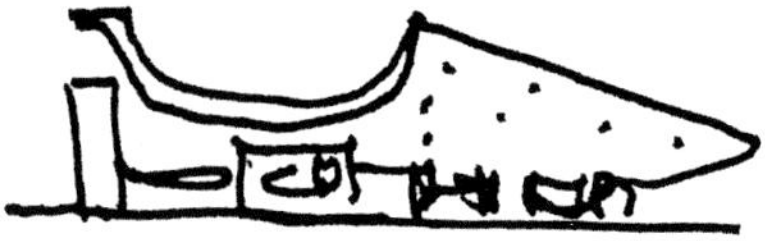

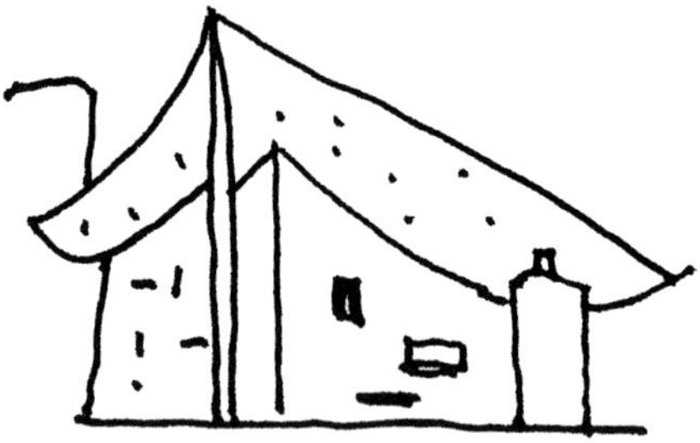

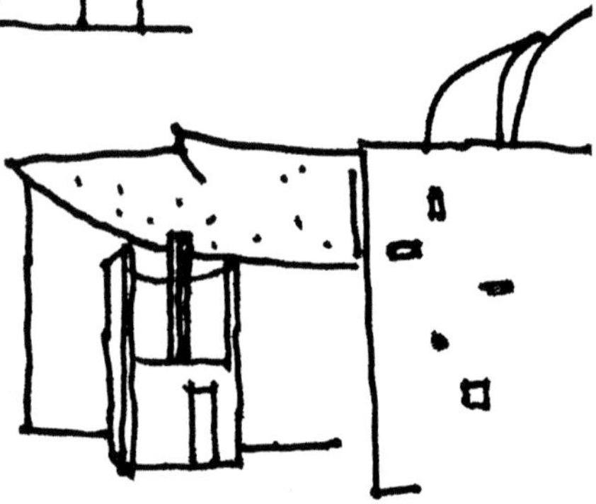

Em certos grupos, ainda hoje encontramos uma irritação tão gratuita e incontida que não os podemos levar a sério, como desejariam, apesar das frases preparadas, sibilinas, já fora de moda, que contra nosso trabalho fazem circular, esquecidos dos projetos que elaboram, marcados pelo primarismo da repetição.

Mas foi em Brasília que minha arquitetura se fez mais livre e rigorosa. Livre, no sentido da forma plástica; rigorosa, pela preocupação de mantê-la em perímetros regulares e definidos. E se fez mais importante, sem dúvida, pois se tratava da arquitetura de uma Capital. Minha preocupação foi caracterizá-la com as próprias estruturas, afinando os apoios com o objetivo de tornar os palácios mais leves, como que simplesmente tocando o chão, e incorporei a arquitetura ao sistema estrutural, permitindo que, terminada uma estrutura, ela também estivesse presente, ao contrário dos prédios usuais, onde aparece depois, pouco a pouco, com a colocação de pré-fabricados, brise-soleil, vidros, etc. Integrava-a na técnica mais avançada, no vão maior, nos balanços imensos, nela caracterizando o apuro do concreto armado.

Nunca me interessei pela crítica, não por acreditar no conceito de Bernard Shaw, "quem sabe, faz, quem não sabe, ensina". Sentia-me, isto sim, como o poeta Fernando Pessoa: "Não leio livros de literatura. Nada mais tenho a aprender". Realmente, depois de tantos anos de trabalho, bastava-me a própria experiência. Para os que visitavam Brasília, gostassem ou não dos meus projetos, tranquilizava-me a certeza de que não poderiam dizer terem visto antes coisa parecida.

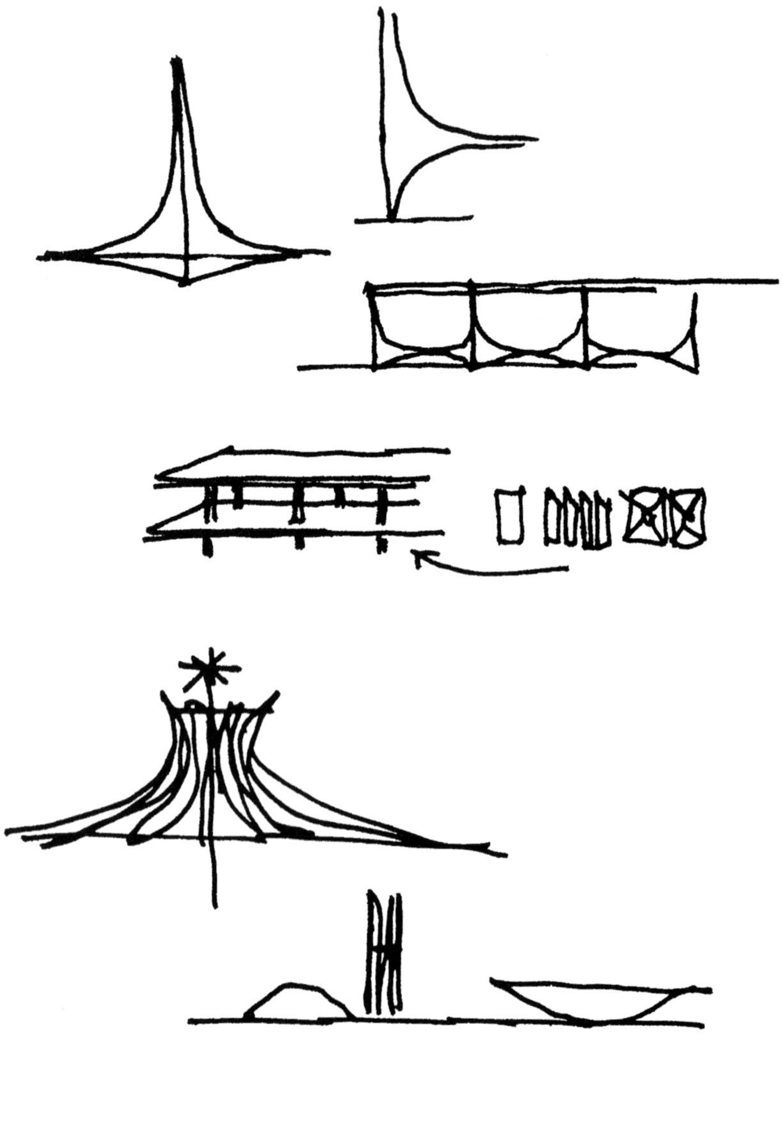

Deles queria ouvir o que ouvi de Le Corbusier subindo a rampa do Congresso: "Aqui há invenção". Ou o que depois comentou a meu respeito com Ítalo Campofiorito: "Cada uma de suas decisões é válida, porque é um ato de vontade e liberdade total". Brasília foi para mim uma experiência extraordinária, vendo a cidade, que Lúcio projetou, crescer como uma flor do deserto naquela área vazia e solitária. E lembrava, confortado, os obstáculos surgidos, as incompreensões inevitáveis, a hostilidade política que cercou JK. E ele, imperturbável, integrado no seu sonho predileto.

Trabalhamos muito. Cada projeto era feito em poucos dias e a obra começava apenas com as plantas de fundações indispensáveis. Recordo com saudade tudo isso, a terra vermelha que nos entrava pela pele e aquela determinação que os obstáculos multiplicavam. Sentíamo-nos como numa grande cruzada: construir a Capital deste País.

Um dia, Brasília se inaugurou e o antigo entusiasmo arrefeceu, embora de Jânio e Goulart eu nada tenha a dizer. O primeiro só me deu atenções. O segundo, cuja posição política nos entusiasmava, conheci em Paris, já no exílio, dele guardando uma impressão de maturidade política, simpatia e simplicidade difíceis de igualar.

Mas em 1964 tudo mudou. E a cidade que ajudamos a construir se fez hostil e distante para todos nós. A Universidade de Brasília, que Darcy Ribeiro obstinadamente criou, foi invadida pelas forças militares e a liberdade esquecida, o direito do homem anulado, e os mais intrépidos e revoltados perseguidos como simples criminosos. A velha provocação do perigo comunista voltou aos jornais, como se o povo já não a conhecesse e desprezasse há longos anos.

No período de Médici a situação se deteriorou e a tortura invadiu as cidades, como se vivêssemos na Idade Média. Brasília se tornou para mim irrespirável, conduzida pela burrice exemplar do Coronel Prates da Silveira. E tive que viajar durante vários anos, sempre voltando ao Brasil, a declarar quando possível a revolta em que vivia diante de tanta injustiça, violência e desacerto. A primeira intervenção na arquitetura de Brasília foi em seu aeroporto. Tratava-se da entrada principal da cidade e isso exigia o nosso protesto. Protestamos, brigamos muito, mas os nossos argumentos de nada serviram. Era uma questão política – "lugar de arquiteto comunista é em Moscou", disse o então Ministro da Aeronáutica – e lá se ergueu aquela coisa obsoleta, provinciana, como um exemplo dos tempos em que vivíamos.

Mas os que pretendiam me paralisar criaram, sem o saber, uma nova e importante fase na minha vida de arquiteto. Apoiado por De Gaulle, Malraux, Boumedienne e Mondadori, comecei a levar para o exterior um pouco da minha arquitetura. O prédio do PCF, em Paris, a sede Mondadori, em Milão, as universidades argelinas etc., passaram a constituir naqueles países pontos de atração arquitetural, criando surpresas, desfazendo antigas dúvidas e incompreensões. E uma sensação de tarefa cumprida se apossou de mim, não mais interessado em explicar o que fazia. Ali estava a minha arquitetura diante do mundo civilizado, que sobre ela se manifestará, um dia, em função do tempo e da sensibilidade dos homens.

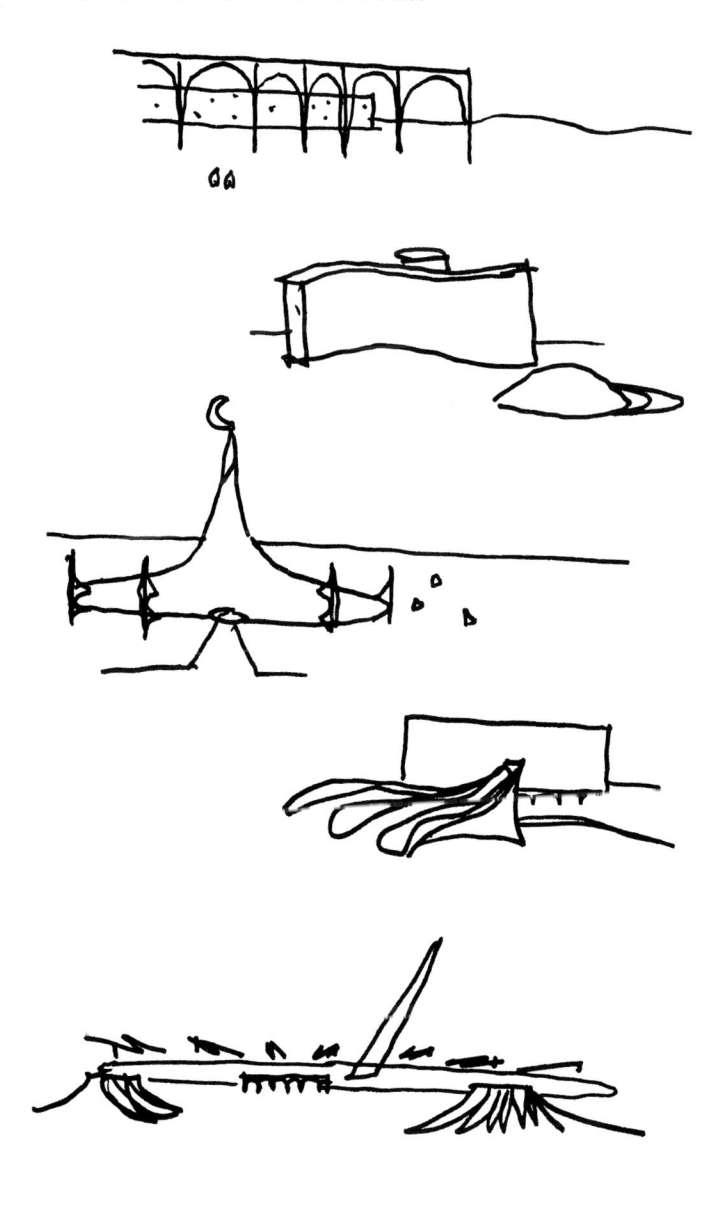

Acredito que um grande equívoco acompanha os que se interessam pela arquitetura, aceitando com entusiasmo, nos antigos períodos o que, condicionados pelo funcionalismo, recusam na arquitetura contemporânea. E isso, como se a forma na arquitetura não constituísse um problema invariável, invariável e permanente, como a beleza, a proporção e a fantasia. É claro que não pretendo uma volta ao adorno ou às fachadas ricamente decoradas que representam uma época de mão de obra irrecuperável, mas ao élan arquitetônico que neles encontramos e que as novas técnicas agora nos oferecem numa escala diferente e nas formas mais belas e imprevisíveis.

Isso explica este pequeno diálogo, socrático, irrecusável, que confirma uma posição assumida trinta e sete anos atrás no projeto da Pampulha:

— *Que você pensa do Palácio dos Doges?*
— Muito bonito.
— *E das suas colunas cheias de curvas?*
— Belíssimas.
— *Mas você não acha que elas poderiam ser mais simples e funcionais?*
— Acho.
— *Mas se elas fossem mais simples e funcionais não criariam, sem suas curvas, o contraste esplêndido que estabelecem com a parede lisa e extensa que suportam?*
— Isso é verdade.

— *Então, você tem que aceitar que quando uma forma cria beleza ela tem uma função e das mais importantes na arquitetura.*

É o que eu tenho a dizer sobre a forma na arquitetura, sobre a criação arquitetural que tanto me ocupou por toda a vida, embora interessado em outros problemas, revoltado com a miséria, muito mais importante, para mim, do que a arquitetura.

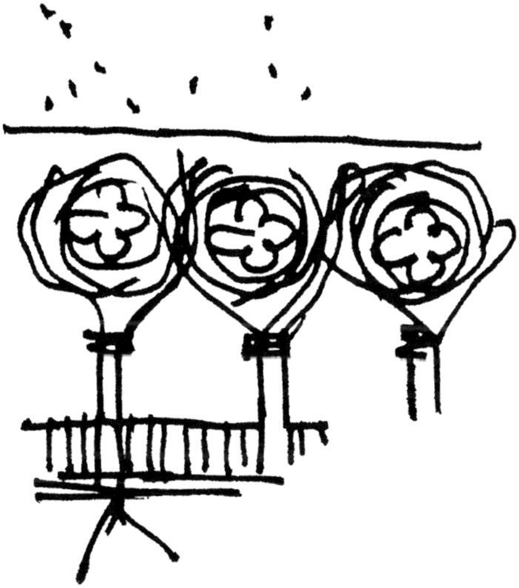

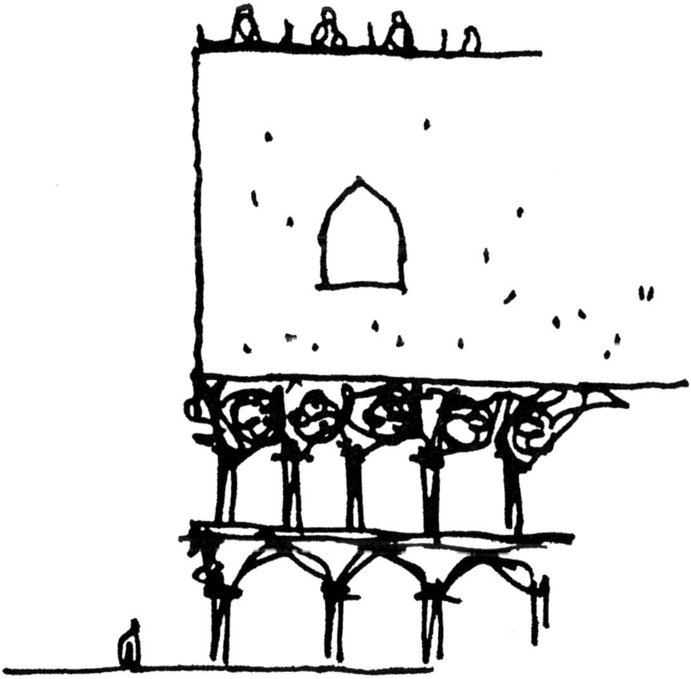

ARTE & COMUNICAÇÃO

1. *Design e Comunicação Visual*, Bruno Munari
2. *A Realização Cinematográfica*, Terence Marner

Modos de Ver, John Berger

3. *Projecto de Semiótica*, Emilio Garroni
4. *Arte e Técnica*, Lewis Mumford
5. *Novos Ritos, Novos Mitos*, Gillo Dorfles
6. *História da Arte e Movimentos Sociais*, Nicos Hadjinicolau
7. *Os Meios Audiovisuais*, Marcello Giacomantonio
8. *Para uma Crítica da Economia Política do Signo*, Jean Baudrillard
9. *A Comunicação Social*, Olivier Burgelin
10. *A Dimensão Estética*, Herbert Marcuse
11. *A Câmara Clara*, Roland Barthes
12. *A Definição da Arte*, Umberto Eco
13. *Teoria Estética*, Theodor W. Adorno
14. *A Imagem da Cidade*, Kevin Lynch
15. *Das Coisas Nascem Coisas*, Bruno Munari
16. *Convite à Música*, Roland de Candé
17. *Educação pela Arte*, Herbert Read
18. *Depois da Arquitectura Moderna*, Paolo Portoghesi
19. *Teorias sobre a Cidade*, Marcella delle Donne
20. *Arte e Conhecimento*, Jacob Bronowski
21. *A Música,* Roland de Candé
22. *A Cidade e o Arquitecto*, Leonardo Benevolo
23. *História da Crítica de Arte*, Lionello Venturi
24. *A Ideia de Arquitectura*, Renato de Fusco

25. *Os Músicos*, Roland de Candé
26. *Teorias do Cinema*, Andrew Tudor
27. *O Último Capítulo da Arquitectura Moderna*, Leonardo Benevolo
28. *O Poder da Imagem*, René Huyghe
29. *A Arquitectura Moderna*, Gillo Dorfles
30. *Sentido e Destino da Arte I*, René Huyghe
31. *Sentido e Destino da Arte II*, René Huygue
32. *A Arte Abstracta*, Dora Vallier
33. *Ponto, Linha, Plano*, Wassily Kandinsky
34. *O Cinema Espectáculo*, Eduardo Geada
35. *Curso da Bauhaus*, Wassily Kandinsky
36. *Imagem, Visão e Imaginação*, Pierre Francastel
37. *A Vida das Formas*, Henri Focillon
38. *Elogio da Desarmonia*, Gillo Dorfles
39. *A Moda da Moda*, Gillo Dorfles
40. *O Impressionismo*, Pierre Francastel
41. *A Idade Neobarroca*, Omar Calabrese
42. *A Arte do Cinema*, Rudolf Arnheim
43. *Enfeitada de Sonhos*, Elizabeth Wilson
44. *A Coquetteria, ou a Paixão do Pormenor*, Catherine N'Diaye
45. *Uma Teoria da Paródia*, Linda Hutcheon
46. *Emotion Pictures*, Wim Wenders
47. *O Boxe*, Joyce Carol Oates
48. *Introdução ao Desenho Industrial*, Gillo Dorfles
49. *A Lógica das Imagens*, Wim Wenders
50. *O Novo Mundo das Imagens Electrónicas*, Guido e Teresa Aristarco
51. *O Poder do Centro*, Rudolf Arnheim
52. *Scorsese por Scorsese*, David Thompson e Ian Christie
53. *A Sociedade de Consumo*, Jean Baudrillard
54. *Introdução à Arquitectura*, Leonardo Benevolo
55. *A Arte Gótica*, Wilhelm Worringer
56. *A Perspectiva como Forma Simbólica*, Erwin Panofsky
57. *Do Belo Musical*, Eduard Hanslick

58. *A Palavra*, Georges Gusdorf
59. *Modos & Modas*, Gillo Dorfles
60. *A Troca Simbólica e a Morte - I*, Jean Baudrillard
61. *A Estética*, Denis Huisman
62. *A Troca Simbólica e a Morte - II*, Jean Baudrillard
63. *Como se lê uma Obra de Arte*, Omar Calabrese
64. *Ética do Construir*, Mario Botta
65. *Gramática da Criação*, Wassily Kandisnky
66. *O Futuro da Pintura*, Wassily Kandinsky
67. *Introdução à Análise da Imagem*, Martine Joly
68. *Design Industrial*, Tomas Maldonado
69. *O Museu Imaginário*, André Malraux
70. *A Alegoria do Património*, Françoise Choay
71. *A Fotografia*, Gabriel Bauret
72. *Os Filmes na Gaveta*, Antonioni
73. *A Antropologia da Arte*, Robert Layton
74. *Filosofia das Artes*, Gordon Graham
75. *História da Fotografia*, Pierre-Jean Amar
76. *Minima Moralia*, Theodor W. Adorno
77. *Uma Introdução à Estética*, Dabney Townsend
78. *História da Arte*, Xavier Barral I Altet
79. *A Imagem e a sua Interpretação*, Martine Joly
80. *Experiência e Criação Artística*, Theodor W. Adorno
81. *As Origens da Arquitectura*, L. Benevolo e B. Albrecht
82. *Artista e Designer*, Bruno Munari
83. *Semiótica da Publicidade*, Ugo Volli
84. *Vocabulário de Cinema*, Marie-Thérèse Journot
85. *As Origens da Pós-Modernidade*, Perry Anderson
86. *A Imagem e os Signos*, Martine Joly
87. *A Invenção da Moda*, Massimo Baldini
88. *Ver, Compreender e Analisar as Imagens*, Laurent Gervereau
89. *Fantasia*, Bruno Munari
90. *História da Linguagem*, Júlia Kristeva

91. *Breviário de Estética*, Benedetto Croce
92. *A Invenção da Paisagem*, Anne Cauquelin
93. *História do Teatro*, Cesare Molinari
94. *O Ecrã Global*, Gilles Lipovetsky e Jean Serroy
95. *As Questões do Património*, Françoise Choay
96. *Literacia Visual – Estudos sobre a Inquietude das Imagens*, Isabel Capeloa Gil
97. *Património Cultural Imaterial. Convenção da Unesco e seus Contextos*, Clara Bertrand Cabral
98. *Homo Aestheticus*, Luc Ferry
99. *O Culto Moderno dos Monumentos*, Alois Riegl
100. *O Cinema Português através dos seus Filmes*, Carolin Overhoff Ferreira (Org.)
101. *Manoel de Oliveira*, Nelson Araújo (Org.)
102. *A Forma na Arquitetura*, Oscar Niemeyer